Je chante en anglais

Illustrations
Grégoire Vallancien

Millepages

ISBN : 978-2-84218-116-1
Loi n° 49 956 du 16 juillet 1949
sur les publications destinées à la jeunesse
Imprimé en Italie
Dépôt légal : janvier 2007

Sommaire

Grande-Bretagne

Etats-Unis

Tom is English

Tom is English ; he lives in England.
Bouba lives in Africa ; she's African.
Miko is Japanese ; she lives in Japan.
And I'm French ; I live in France.

Tom est anglais

Tom est anglais ; il vit en Angleterre.
Bouba vit en Afrique ; elle est africaine.
Miko est japonaise ; elle vit au Japon.
Moi, je suis française ; je vis en France.

L'Angleterre, dont la capitale est Londres, fait partie, avec le Pays de Galles et l'Ecosse, de la Grande-Bretagne. Ces trois pays, avec l'Irlande du Nord, constituent le Royaume-Uni.

English (anglais)

African (africain)

Japanese (japonaise)

French (français)

Rain

Rain, rain, rain,
It's raining again.
Rain, rain, rain,
It will never end.

Pluie

Pluie, pluie, pluie,
Il pleut de nouveau.
Pluie, pluie, pluie,
Cela ne s'arrêtera jamais.

 L'Angleterre est réputée pour ses pluies abondantes et Londres a longtemps été célèbre pour son épais brouillard : le « smog », mélange de vrai brouillard (« fog ») et de fumée (« smoke »). Ce mot désigne aujourd'hui de manière générale les brumes de pollution qui se forment parfois au-dessus des villes.

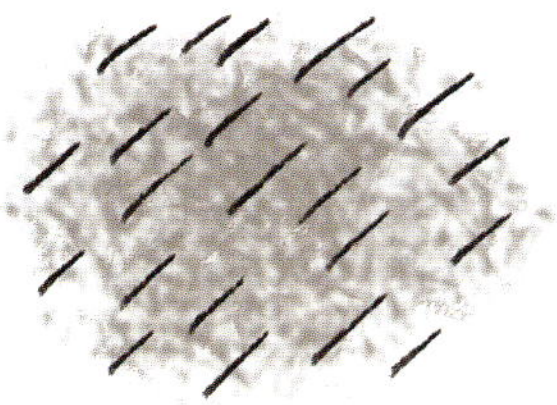

the rain (la pluie)

a cloud (un nuage)

an umbrella (un parapluie)

the fog (le brouillard)

Hot - cold

When it's hot, I take off
My hat, my coat and my gloves.
When it's cold, I put them on.
It's really so easy.

Chaud et froid

Quand il fait chaud, j'enlève
Mon chapeau, mon imper et mes gants.
Quand il fait froid, je les mets.
C'est tellement facile.

Le tartan est un tissu écossais qui sert à fabriquer les kilts (les célèbres « jupes écossaises » du costume traditionnel). Mais attention : en Ecosse, ce sont les hommes, et non les femmes, qui portent ces jupes !

a coat (un manteau)

a hat (un chapeau)

gloves (des gants)

hot (chaud)

Chicken and chips

Chicken and chips
It's my favorite dish.
If I can't eat it,
It makes me crazy.

Poulet-frites

Le poulet-frites,
C'est mon plat préféré.
Si je ne peux en manger,
Cela me rend cinglée.

Les Anglais consomment beaucoup de « fish and chips ». C'est un repas rapide (« fast-food ») composé de poisson et de frites, arrosées ou non de vinaigre. Souvent vendu à l'extérieur, on l'emporte emballé dans du papier.

chicken (du poulet)

chips (des frites)

to eat (manger)

to drink (boire)
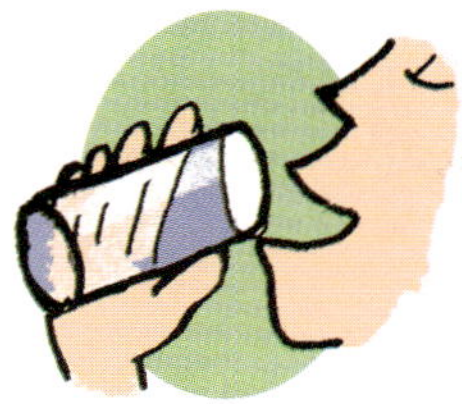

A bed in the bedroom

A bed in the bedroom,
An armchair in the living room,
A bath in the bathroom,
And in the kitchen :
A brush, a stool and a broom.

Un lit dans la chambre

Un lit dans la chambre,
Un fauteuil dans le salon,
Une baignoire dans la salle de bains,
Et dans la cuisine :
Une brosse, un tabouret et un balai.

Quand on séjourne en Angleterre, on peut loger chez l'habitant (formule du « bed and breakfast »). On dispose alors d'une chambre et l'on prend le petit déjeuner avec les propriétaires, ce qui est une bonne occasion de partager la vie des Anglais.

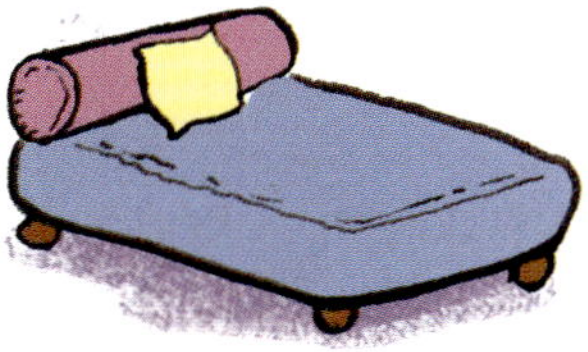

a bed (un lit)

an armchair (un fauteuil)

a bath (une baignoire)

a stool (un tabouret)

In the streets of the city

In the streets of the city,
You can hear a lot of sounds.
Drivers honk their horns,
Walkers say : « Hello ! »
And children sing a song.

Dans les rues de la ville

Dans les rues de la ville,
Tu peux entendre de nombreux bruits.
Les conducteurs klaxonnent,
Les piétons disent : « Bonjour ! »
Et les enfants chantent une chanson.

Tout le monde sait qu'en Angleterre on roule à gauche ! Cette habitude remonte à l'époque où les hommes se déplaçaient à cheval. Ils se tenaient sur la gauche pour pouvoir, en cas de besoin, tirer leur épée avec leur main droite et combattre de ce côté.

a street (une rue)

a city
(une ville)

to drive
(conduire)

a double-decker
(un bus à impériale)

Under the rainbow

Under the rainbow
The sky is blue
And the sun yellow
And red is your nose.

Sous l'arc-en-ciel

Sous l'arc-en-ciel
Le ciel est bleu
Et le soleil jaune
Et rouge est ton nez.

Les Anglais semblent beaucoup aimer le rouge : à Londres, les bus à impériale (« double-decker »), les cabines téléphoniques et les boîtes aux lettres sont peints en rouge.

a rainbow
(un arc-en-ciel)

a blue sky
(un ciel bleu)

a yellow sun
(un soleil jaune)

a red nose
(un nez rouge)

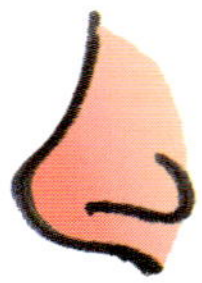

My sister Jennifer

I've got a sister.
Her name is Jennifer.
She's 5 years old
And she always has a cold*.

Ma sœur Jennifer

J'ai une sœur.
Elle s'appelle Jennifer.
Elle a 5 ans
Et elle est toujours enrhumée.

 La reine d'Angleterre est très aimée de ses sujets. Elle n'a aucun pouvoir politique réel mais représente l'Etat à l'étranger. Lorsqu'elle se trouve dans son palais de Londres (Buckingham Palace), on hisse le drapeau britannique.

* « cold » : froid ; « to have a cold » : être enrhumé.

old (vieux)

young (jeune)

cold (froid)

warm
(chaud)

In the supermarket

In the supermarket
I can buy apples and pears,
Tomatoes and potatoes,
Grapes and cherries.
You can buy everything
If you have enough money.

Au supermarché

Au supermarché,
Je peux acheter des pommes et des poires,
Des tomates et des pommes de terre,
Du raisin et des cerises.
Tu peux acheter ce que tu veux
Si tu as assez d'argent.

 La monnaie anglaise est la « livre sterling » (« pound » en anglais). Il existe des billets de 5, 10, 20 et 50 livres sur lesquels on retrouve le même portrait : celui de la reine Elisabeth II.

a tomato
(une tomate)

a pear (une poire)

cherries (des cerises)

grapes (du raisin)

Nicknames

My name is James, call me Jimmy.
My name is Robert, call me Bobby.
My name is John, call me Johnny.
Calling people by their nickname
Is far more friendly.

Diminutifs

Je m'appelle Jacques, appelle-moi Jacquot.
Je m'appelle Robert, appelle-moi Bébert.
Je m'appelle Jean, appelle-moi Jeannot.
Appeler les gens par un diminutif
Est bien plus sympathique.

On peut aussi appeler les filles par un diminutif. Par exemple, on dit souvent « Jenny » pour « Jane », « Lizzy » pour « Elisabeth », « Debbie » pour « Deborah » et « Sue » pour Suzanne.

a child (un enfant)

people (des gens)

a woman (une femme)

a man (un homme)

When the sun shines

When the sun shines
Children play in the grass
With a ball, with a ball.
When the rain falls
Children do the same
In the puddles,
In the puddles.

Quand le soleil brille

Quand le soleil brille
Les enfants jouent dans l'herbe
Avec un ballon, avec un ballon.
Quand la pluie tombe
Les enfants font de même
Dans les flaques d'eau,
Dans les flaques d'eau.

Les Londoniens vont souvent se promener dans les grands parcs de leur ville. Le dimanche, certains d'entre eux, debout sur des caisses, font des discours sur le sujet de leur choix devant les promeneurs.

a puddle
(une flaque)

a ball (un ballon)

to play (jouer)

to shine (briller)

The postman

The postman is coming,
He's bringing me a letter,
A letter from Glasgow.
Thank you, Mr. Postman,
See you tomorrow.

Le facteur

Le facteur arrive,
Il m'apporte une lettre,
Une lettre de Glasgow.
Merci, Monsieur le Facteur,
A demain.

Même s'il y en a de moins en moins, le « milkman » (laitier) reste un personnage important dans la vie quotidienne des Anglais. Se déplaçant dans une petite voiture électrique, il dépose, chaque matin, ses bouteilles de lait frais sur le seuil de chaque porte.

a postman
(un facteur)

a letter
(une lettre)

to thank
(remercier)

to bring
(apporter)

Excuse me, Sir

Excuse me, Sir,
What time is it ?
I'm sorry, dear.
I've no idea.
Why don't you ask Big Ben ?
You can be sure it isn't slow*.

Excusez-moi, Monsieur

Excusez-moi, Monsieur,
Quelle heure est-il ?
Je suis désolé, ma chère,
Je n'en ai aucune idée.
Pourquoi ne demandes-tu pas à Big Ben ?
Tu peux être sûre qu'elle ne retarde pas.

Big Ben est le nom de la cloche qui se trouve dans la Tour de l'Horloge, à Londres. On l'appelle ainsi en l'honneur de Benjamin (« Ben ») Hall, qui a dirigé les travaux du Parlement. Elle pèse 13 tonnes et sonne toutes les heures.

* « slow » : lent ; pour une montre : en retard.

slow (lent)

fast (rapide)

a watch (une montre)

a clock (une horloge)

Early in the morning

Early in the morning, breakfast.
Late in the evening, dinner.
Soon in the afternoon, lunch.
And at 5, tea or coffee ?

Tôt le matin

Tôt le matin, petit déjeuner.
Tard dans la soirée, dîner.
Bientôt, dans l'après-midi, déjeuner.
Et à 5 heures, thé ou café ?

Les Anglais ont inventé un nouveau repas : le « brunch » (de « breakfast » et « lunch ») qui remplace à la fois le petit déjeuner et le repas de midi. Il se compose de céréales, de toasts, de viandes, de fruits et de légumes.

breakfast
(le petit déjeuner)

lunch (le déjeuner)

the night (la nuit)

the day (le jour)

One – two – three

One, two, three
Come with me,
Four, five, six
And you will meet
Seven, eight, nine
A good friend of mine.

Un – deux – trois

Un, deux, trois
Viens avec moi,
Quatre, cinq, six
Et tu rencontreras,
Sept, huit, neuf
Un de mes bons amis.

Les petits Anglais se rendent à l'école vêtus d'un uniforme aux couleurs de leur établissement. Ils vont en classe le matin et consacrent l'après-midi au sport et aux travaux manuels.

one (un)

two (deux)

three (trois)

four (quatre)

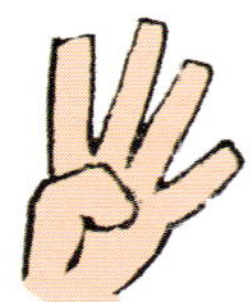

Music

I like music,
I like it so much, so much.
I like music,
Indeed, I like it very much.

Musique

J'aime la musique,
Je l'aime tellement, tellement.
J'aime la musique,
En fait, j'adore ça.

Les « Beatles », groupe de musique pop originaire de Liverpool, connaissent un immense succès depuis les années 60. Les quatre chanteurs ont même été décorés de l'Ordre de l'Empire britannique par la reine d'Angleterre.

to like (aimer)

to hate (détester)

to sing (chanter)

a band (un orchestre)

A smile

To make a smile
Don't say « crocodile »,
Don't say « bubble »,
Just say « cheese »
And the photo will be fine.

Un sourire

Pour faire un sourire,
Ne dis pas « crocodile »,
Ne dis pas « bubble »,
Dis simplement « cheese »
Et la photo sera réussie.

Avant de se faire prendre en photo, les Anglais prononcent le mot « cheese » (fromage). En effet, ce mot oblige à étirer les lèvres comme si on souriait. Essaie, tu verras !

to smile (sourire)

to laugh (rire)

a mouth
(une bouche)

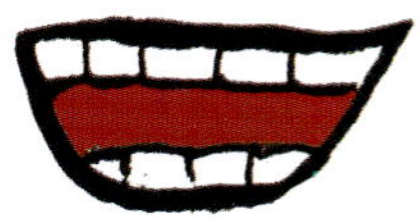

teeth (des dents)

My beautiful ship

I've got a beautiful ship.
Red, green and blue it is.
It's the most beautiful ship
You can see in the harbour.

Mon beau bateau

J'ai un beau bateau.
Il est rouge, vert et bleu.
C'est le plus beau bateau
Que tu puisses voir dans le port.

Dans le port de Portsmouth, on peut visiter le célèbre bateau Victory. C'est l'amiral Nelson, commandant du bateau, qui remporta la victoire contre les Espagnols et les Français lors de la bataille de Trafalgar en 1805.

a ship (un bateau)

a harbour (un port)

red (rouge)

green (vert)

Thirsty and hungry

I'm thirsty, I'm hungry,
Quick a drink, quick a cookie.
I'm thirsty, I'm hungry,
Quick, something.

Soif et faim

J'ai soif, j'ai faim,
Vite une boisson, vite un biscuit.
J'ai soif, j'ai faim,
Vite, quelque chose.

Le sandwich doit son nom à John Montagne, comte de Sandwich. Joueur passionné, celui-ci refusa d'interrompre une partie de cartes et se fit servir, pour déjeuner, de la viande entre deux tranches de pain.

a drink (une boisson)

a meal (un repas)

a cookie (un biscuit)

a glass (un verre)

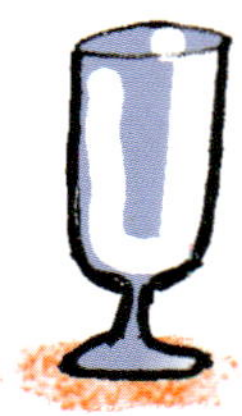

Right or wrong ?

If you go right, you go wrong.
If you go left, you go right.
But it's better not to forget
The easiest way is straight on.

Vrai ou faux ?

Si tu vas à droite, tu te trompes.
Si tu vas à gauche, tu as raison.
Mais il vaut mieux ne pas oublier
Que le chemin le plus simple est tout droit.

Les Anglais ne mesurent pas les distances en kilomètres mais en « miles ». Un « mile » correspond à 1,609 kilomètre. De même, pour peser, ils n'utilisent pas le kilo mais la livre (« pound » : environ 453 grammes).

right (droite)

left (gauche)

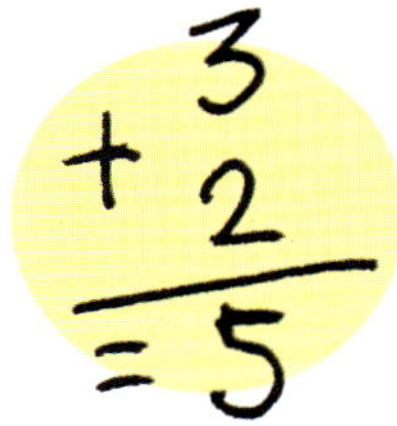

right (vrai)

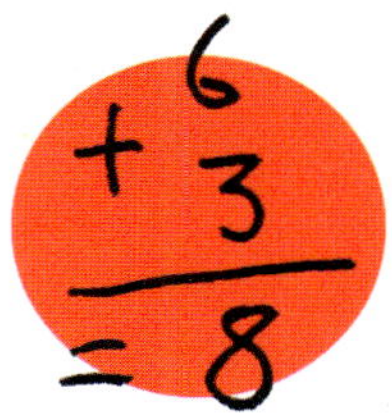

wrong (faux)

My ball

I need a bat to play baseball.
I need a basket to play basketball.
I need goals to play football.
But I won't play anything
If I don't bring my ball with me.

Mon ballon

Il me faut une batte pour jouer au base-ball.
Il me faut un panier pour jouer au basket-ball.
Il me faut des buts pour jouer au football.
Mais je ne jouerai à rien
Si je n'apporte pas mon ballon avec moi.

Les Américains sont passionnés de sport. Ils aiment surtout le base-ball et le football américain. Ce dernier ressemble un peu au rugby puisqu'il se pratique à la fois avec les pieds et les mains.

a basket (un panier)

a foot (un pied)

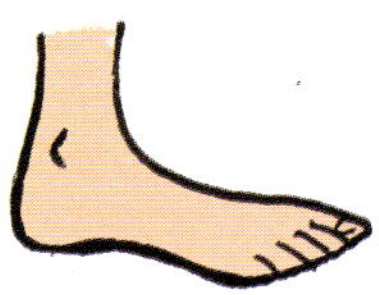

a player (un joueur)

a goal (un but)

The underground

In the underground
Buy a token and
Take the connection
To go downtown.

Le métro

Dans le métro
Achète un ticket
Et prends la correspondance
Pour aller au centre-ville.

Dans le métro de New York, on rencontre parfois des « Guardian Angels » (anges gardiens). Ce sont de jeunes Américains qui veillent à la sécurité des voyageurs. On les reconnaît à leur béret rouge.

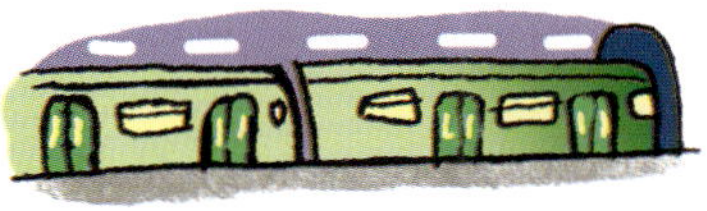

the underground
(le métro)

a map (un plan)

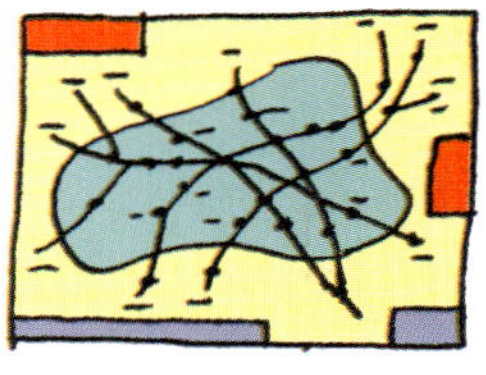

to buy (acheter)

a token
(un jeton)

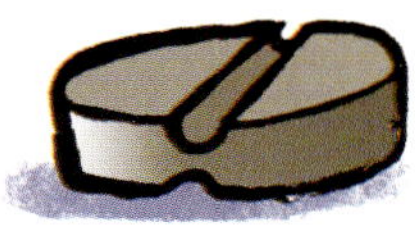

At the airport

At the airport,
I'm waiting for my plane,
Flight number 634.
I hope it won't be late.

A l'aéroport

A l'aéroport,
J'attends mon avion,
Vol numéro 634.
J'espère qu'il n'aura pas de retard.

C'est l'Américain Charles Lindbergh (1902-1974) qui, le premier, en 1927, traversa l'Atlantique seul à bord de son avion, le « Spirit of Saint Louis ». Il parcourut alors sans escale la distance New York-Paris en 33 heures.

an airport
(un aéroport)

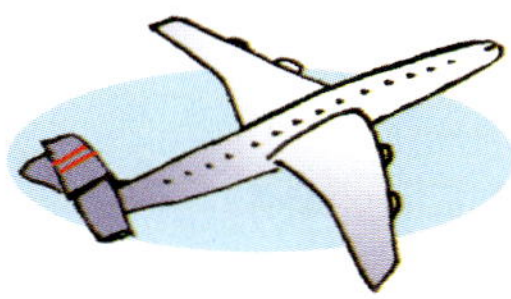

a plane (un avion)

a air hostess
(une hôtesse
de l'air)

a suitcase (une valise)

The newspaper

Read the newspaper
It's a paper full of news :
Programms, politics and weather.
All the good and bad news
Is inside the newspaper.

Le journal

Lis le journal,
C'est un papier plein de nouvelles :
Programmes, politique et météo.
Toutes les bonnes et mauvaises nouvelles
Se trouvent à l'intérieur du journal.

Pour gagner un peu d'argent de poche, beaucoup de jeunes Américains distribuent les journaux le matin, avant de partir en classe. On les appelle les « paperboys » (livreurs de journaux).

a newspaper
(un journal)

to read (lire)

inside (à l'intérieur)

outside (à l'extérieur)

The elephant and the giraffe

My name is the elephant
And I've got a long, long trunk.
My name is the giraffe
And I've got a long, long neck.
And you, what's your name ?

L'éléphant et la girafe

Mon nom est l'éléphant
Et j'ai une longue, longue trompe.
Mon nom est la girafe
Et j'ai un long, long cou.
Et toi, quel est ton nom ?

Le plus grand zoo du monde, situé à San Diego, ville de Californie, est aussi l'un des plus beaux. Il abrite plus de 4 000 animaux qui vivent pratiquement en milieu naturel. On peut y voir, entre autres, des koalas australiens, des kiwis de Nouvelle-Zélande et des pandas de Chine.

an elephant
(un éléphant)

a giraffe
(une girafe)

a neck (un cou)

a trunk
(une trompe)

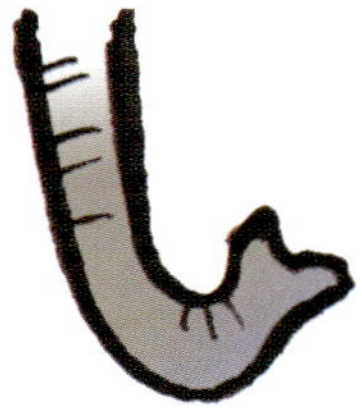

The farmer

The farmer is working,
He's driving his big machine
While the dog is sleeping
And the cow is watching
The trains that are going by, going by.

Le fermier

Le fermier travaille,
Il conduit sa grosse machine
Pendant que le chien dort
Et que la vache regarde
Les trains qui passent, passent.

On rencontre encore des cow-boys aux Etats-Unis. Même s'ils sont moins nombreux qu'avant, ils continuent d'accompagner, à cheval, les troupeaux de bovins. Ces gardiens se réunissent régulièrement pour participer à des rodéos.

a farmer (un fermier)

a cow (une vache)

a dog (un chien)

a train (un train)

I wish

I wish I could fly
Very high in the sky.
One day, I know,
My dream will come true.

Si seulement...

Si seulement je pouvais voler
Très haut dans le ciel.
Un jour, je le sais,
Mon rêve se réalisera.

Superman, avant d'être un héros au cinéma, était un personnage de bandes dessinées. Créé par Jerry Siegel et dessiné par Joe Shuster, Superman parut pour la première fois, en noir et blanc, en 1938.

to dream (rêver)

to fly (voler)

to sleep (dormir)

a bird (un oiseau)

New York is a big apple

New York is a big apple
That cannot be eaten,
Where you can find a big island
Called Manhattan.

New York est une grosse pomme

New York est une grosse pomme
Que l'on ne peut pas manger,
Où tu peux trouver une grande île
Appelée Manhattan.

New York, surnommée « The Big Apple », n'est pas la capitale des Etats-Unis (qui est Washington) mais c'est la plus grande ville du pays. C'est dans le port de New York que l'on peut admirer la très célèbre Statue de la Liberté.

an island (une île)

big (gros, grand)

an apple (une pomme)

to find (trouver)

Chicago

Hello, Tim. Happy to meet you.
What is Chicago like ?
They say it's fantastic
And if you agree
I'm ready to visit
This very big city.

Chicago

Bonjour, Tim. Heureuse de te rencontrer.
A quoi ressemble Chicago ?
On dit que c'est fantastique
Et si tu es d'accord
Je suis prête à visiter
Cette très grande ville.

Chicago, située dans l'Illinois, est la troisième ville des Etats-Unis. La plus haute tour de la ville est la Sears Tower dont la construction fut achevée en 1974. Superbe bâtiment de verre et d'acier, elle mesure 443 mètres et compte 110 étages.

a town (une ville)

a house (une maison)

a park (un parc)

the traffic lights (les feux de signalisation)

On the road

I'm on the road again,
Everyday I'm on the road.
I'm on the road again,
Everyday I drive alone.
The wheel in my hands
I'm happy
When I'm in my lorry.

Sur la route

Je suis de nouveau sur la route,
Tous les jours, je suis sur la route.
Je suis de nouveau sur la route,
Tous les jours, je conduis seule.
Le volant dans les mains
Je suis heureuse
Lorsque je suis dans mon camion.

Sur les routes des Etats-Unis circulent d'énormes camions. Ils transportent des denrées et des matières premières à travers tout le pays. Ils communiquent entre eux par radio (CB ou « Citizen Band » qui est une fréquence radio réservée au public).

a road (une route)

a wheel (un volant)

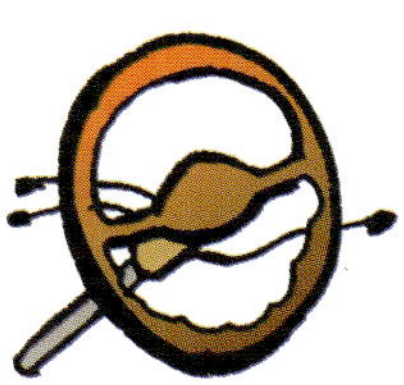

a lorry (un camion)

a hand (une main)

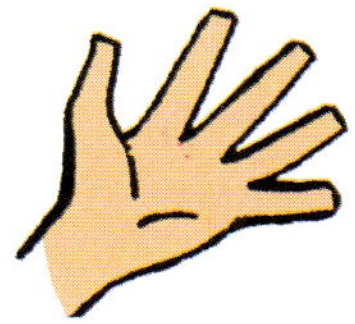

Let's go swimming

Let's go swimming,
Surfing and diving,
Playing with the waves,
The fishes and the shells.

Allons nager

Allons nager,
Surfer et plonger,
Jouer avec les vagues,
Les poissons et les coquillages.

Le surf a été inventé sur les îles de la Polynésie, dans l'océan Pacifique. On en fait beaucoup sur les côtes californiennes, où les vagues sont très grosses.

a fish (un poisson)

a shell (un coquillage)

a wave (une vague)

to swim (nager)

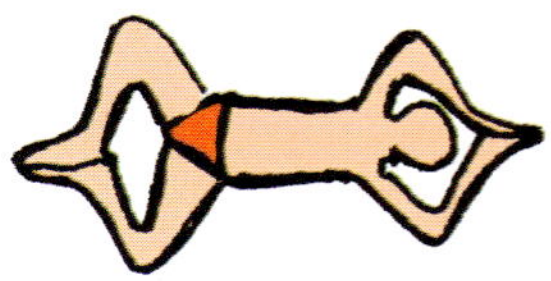

Don't worry

Don't worry, be happy,
It's the right way.
Don't worry, be happy,
No need to be afraid.

Ne t'inquiète pas

Ne t'inquiète pas, sois heureux,
C'est le bon chemin.
Ne t'inquiète pas, sois heureux,
Pas besoin d'avoir peur.

Pour préserver les paysages et les animaux, les Américains ont créé des parcs nationaux protégés. De très nombreux touristes viennent les visiter chaque année.

to be happy
(être heureux)

to be sad
(être triste)

to be afraid
(avoir peur)

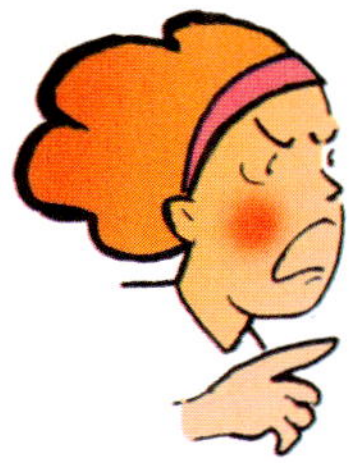

to be angry
(être en colère)

Let's go to Jamestown

Let's go to Jamestown
To find Timothy's treasure
Timothy, our ancestor,
Timothy, the gold digger.

Allons à Jamestown

Allons à Jamestown
Pour trouver le trésor de Timothy
Timothy, notre ancêtre,
Timothy, le chercheur d'or.

C'est en 1848 que l'on découvrit la première pépite d'or en Californie. A l'annonce de cette nouvelle, des milliers d'Américains se sont « rués » dans les montagnes, espérant faire fortune rapidement.

a treasure (un trésor)

gold (de l'or)

money (de l'argent)

a coin
(une pièce de monnaie)

Los Angeles

When I'm in Los Angeles
I ride my bike along the beach,
I ride my horse along the shore,
But in the street, I drive my car.

Los Angeles

Quand je suis à Los Angeles
Je fais du vélo le long de la plage,
Je fais du cheval le long du rivage,
Mais dans la rue, je conduis ma voiture.

C'est dans les environs de Los Angeles, en Californie, que se trouve Hollywood. C'est là que les grandes compagnies de cinéma ont installé leurs plateaux de tournage. De nos jours, on y tourne également des séries télévisées.

a bike (un vélo)

a horse (un cheval)

a car (une voiture)

a beach (une plage)

Barbecue day

Today is barbecue day.
Hurry up, the barbecue party
Is beginning.
Everybody in the garden
Before everything is burnt.

Le jour du barbecue

Aujourd'hui, c'est le jour du barbecue.
Dépêche-toi, la fête du barbecue
Commence.
Tout le monde dans le jardin
Avant que tout ne soit brûlé.

Les Américains invitent souvent leurs parents et leurs amis à passer le dimanche autour du barbecue. Le repas, pris dans le jardin, est composé, entre autres, de hot-dogs, d'épis de maïs, de poulet frit et de chips.

a garden (un jardin)

to burn (brûler)

a party (une fête)

a body (un corps)

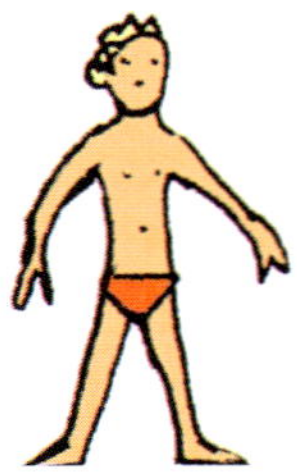

The bell

The bell is ringing,
There must be somebody.
But who can it be
So early in the morning ?

La sonnerie

La sonnerie retentit,
Il doit y avoir quelqu'un.
Mais qui cela peut-il être
Si tôt le matin ?

C'est à l'Américain Alexander Graham Bell (1847-1922) que l'on doit l'invention du téléphone, en 1876. Bell déposa son brevet quelques heures à peine avant son concurrent, Elisha Gray.

a bell (une cloche)

a boy (un garçon)

a girl (une fille)

to ring (sonner)

Space flight

With my rocket
I travel through space
Faster than light,
Among the stars,
Beyond the moon.

Voyage dans l'espace

Avec ma fusée
Je voyage dans l'espace
Plus vite que la lumière,
Au milieu des étoiles,
Au-delà de la lune.

C'est l'astronaute américain Neil Armstrong qui fut le premier à marcher sur la lune (le 20 juillet 1969). Comme il n'y a ni air, ni vent, ni pluie sur ce satellite de la Terre, l'empreinte de son pied sur le sol lunaire ne s'effacera pas avant des milliers d'années.

a rocket (une fusée)

a star (une étoile)

the moon (la lune)

space (l'espace)

Come and see

Come and see the view,
You'll never forget it.
Come and look at the buildings
Which have become
Very tiny,
Very tiny.

Viens voir

Viens voir le panorama,
Tu ne l'oublieras jamais.
Viens regarder les gratte-ciel
Qui sont devenus
Vraiment minuscules,
Vraiment minuscules.

C'est à Chicago que naissent les premiers gratte-ciel, dès la fin du XIXe siècle, peu après l'invention de l'ascenseur. Aujourd'hui, on trouve des buildings et des tours dans le centre de toutes les grandes villes américaines.

a building
(un immeuble)

tiny (minuscule)

small (petit)

tall (grand)

Sam

Have you ever heard
The strange story
That happened to Sam ?
On the Golden Gate Bridge
A very windy day,
A very windy day,
He disappeared.

Sam

As-tu jamais entendu
L'étrange histoire
Qui arriva à Sam ?
Sur le pont du Golden Gate
Un jour de très grand vent,
Un jour de très grand vent,
Il disparut.

San Francisco, en Californie, est l'une des plus belles villes américaines. On y trouve notamment le célèbre Golden Gate Bridge. Terminé en 1937, il mesure 2,7 km de longueur et voit passer chaque jour plus de 100 000 voitures.

a bridge (un pont)

the wind (le vent)

to hear (entendre)

to disappear (disparaître)

On the Mississippi

Everyday
I sail on the Mississippi.
I'm the best sailor
Of the Mississippi river.

Sur le Mississippi

Chaque jour
Je navigue sur le Mississippi.
Je suis le meilleur navigateur
Du fleuve Mississippi.

Le fleuve Mississippi traverse les Etats-Unis du nord au sud. Au XIXe siècle, de grands bateaux à aube transportaient les voyageurs et les marchandises. Aujourd'hui, ces bateaux sont remplacés par des péniches et des cargos.

a river (un fleuve)

a sailor (un marin)

to sail (naviguer)

a boat (un bateau)

Lexique

Les mots anglais ont parfois plusieurs traductions françaises.
La traduction proposée ci-dessous correspond au contexte des chansons.

a, an : un(e)
Africa : Afrique
African : africain(e)
afternoon : après-midi
again : encore
agree (to) : être d'accord
air hostess : hôtesse de l'air
airport : aéroport
all : tout(e)
alone : seul(e)
along : le long de
always : toujours
among : parmi
ancestor : ancêtre
and : et
angry : en colère
anything : rien
apple : pomme
armchair : fauteuil
ask (to) : interroger
at : à, au
bad : mauvais(e)
ball : ballon
band : orchestre
barbecue : barbecue
baseball : base-ball
basket : panier
basketball : basket-ball
bat : batte
bath : baignoire
bathroom : salle de bains
be (to) : être
be afraid (to) : avoir peur
be hungry (to) : avoir faim
be like (to) : ressembler à
be thirsty (to) : avoir soif
beach : plage
beautiful : beau, belle
become (to) : devenir
bed : lit
bedroom : chambre
before : avant
begin (to) : commencer
bell : cloche, sonnerie
best (the) : le meilleur, la meilleure
beyond : au-delà de
big : grand(e), gros(se)
bird : oiseau
blue : bleu(e)
boat : bateau
body : corps
boy : garçon
breakfast : petit déjeuner
bridge : pont
bring (to) : apporter
broom : balai
brush : brosse
bubble : bulle
building : bâtiment
burn (to) : brûler
burnt : brûlé(e)
but : mais
buy (to) : acheter
by : par
call (to) : appeler
called : appelé(e)
can : pouvoir
car : voiture
cheese : fromage
cherry : cerise
chicken : poulet
child(ren) : enfant(s)
chips : frites
city : ville
clock : réveil
cloud : nuage
coat : manteau
coffee : café
coin : pièce de monnaie
cold : froid
come (to) : venir, arriver
come true (to) : se réaliser
connection : correspondance
cookie : biscuit sucré
cow : vache
crazy : fou, folle
crocodile : crocodile
day : jour
dear : cher, chère
dinner : dîner
disappear (to) : disparaître
dish : plat
dive (to) : plonger
do (to) : faire
dog : chien
double-decker : bus à impériale
downtown : centre-ville
dream (to) : rêver
dream : rêve
drink (to) : boire
drink : boisson
drive (to) : conduire
driver : conducteur
early : tôt
easy : facile
eat (to) : manger
eaten : mangé(e)
eight : huit
elephant : éléphant
end (to) : finir
England : Angleterre
English : anglais(e)
enough : assez
evening : soir, soirée
ever : jamais

every : chaque, tout, toute
everybody : tout le monde
everyday : tous les jours
everything : tout
fall (to) : tomber
fantastic : fantastique
far more : bien plus
farmer : fermier
fast : rapide, vite
faster : plus vite
favorite : préféré(e)
find (to) : trouver
fine : réussi(e)
fish : poisson
five : cinq
flight : vol
fly (to) : voler
fog : brouillard
foot : pied
football : football
forget (to) : oublier
four : quatre
France : France
French : français(e)
friend : ami
friendly : amical
from : de
full : plein(e)
garden : jardin
giraffe : girafe
girl : fille
glass : verre
glove : gant
go (to) : aller
go by (to) : passer
goal : but
gold : or
gold digger : chercheur d'or
good : bien, bon(ne)
grapes : raisin
grass : herbe
green : vert(e)
hand : main
happen (to) : arriver à
happy : heureux, heureuse
harbour : port
hat : chapeau
hate (to) : détester
have a cold (to) : être enrhumé(e)
have got : avoir
hear (to) : entendre
heard : entendu
hello : bonjour
high : haut(e)
his, her : son, sa, ses
honk (to) : klaxonner
hope (to) : espérer
horn : klaxon
hot : chaud
house : maison
hurry up (to) : se dépêcher
idea : idée
if : si
in : dans
indeed : en fait
inside : à l'intérieur de
island : île
Japan : Japon
Japanese : japonais(e)
just : juste
kitchen : cuisine
know (to) : savoir
late : en retard, tard
laugh (to) : rire
left : gauche
letter : lettre
light : lumière
like (to) : aimer
live in (to) : habiter
living room : salon
long : long(ue)
look at (to) : regarder
lorry : camion
lot of (a) : beaucoup de
lunch : déjeuner
machine : machine
make (to) : faire, rendre
man : homme
map : plan
meal : repas
meet (to) : rencontrer
money : argent
moon : lune
morning : matin
mouth : bouche
much : beaucoup
music : musique
must : devoir
my : mon, ma, mes
name : nom
neck : cou
need : avoir besoin de
never : jamais
news : nouvelles
newspaper : journal
nickname : diminutif
night : nuit
nine : neuf
nose : nez
number : numéro
of : de
old : vieux, vieille
on : sur
one : un
or : ou
outside : à l'extérieur de
paper : papier
park : parc
party : fête
pear : poire
people : gens
photo : photo
plane : avion
play (to) : jouer
player : joueur, joueuse
politics : politique
postman : facteur
potato : pomme de terre

programme : programme
puddle : flaque d'eau
put on (to) : mettre
quick : vite
rain (to) : pleuvoir
rain : pluie
rainbow : arc-en-ciel
read (to) : lire
ready : prêt(e)
really : vraiment
red : rouge
ride a bike (to) : faire du vélo
ride a horse (to) : faire du cheval
right : bon(ne)
right : droite
ring (to) : retentir
river : fleuve, rivière
road : route
rocket : fusée
sad : triste
sail (to) : naviguer
sailor : marin
same : de même
say (to) : dire
see (to) : voir
seven : sept
shell : coquillage
shine (to) : briller
ship : bateau
shore : rivage
sing (to) : chanter
sister : sœur
six : six
sky : ciel
sleep (to) : dormir
slow : lent(e)
small : petit(e)
smile (to) : sourire
smile : sourire
so : tellement
somebody : quelqu'un
something : quelque chose
song : chanson
soon : bientôt
sorry : désolé(e)
sound : son, bruit
space : espace
star : étoile
stool : tabouret
story : histoire
straight on : tout droit
strange : étrange
street : rue
suitcase : valise
sun : soleil
supermarket : supermarché
sure : sûr(e)
surf (to) : surfer
swim (to) : nager
take (to) : prendre
take off (to) : enlever
tall : grand(e)
tea : thé
teeth : dents
thank (to) : remercier
thank you : merci
the : le, la, les
the best : le meilleur, la meilleure
their : leur, leurs
this : ce, cette
three : trois
through : à travers
time : heure
tiny : minuscule
to : vers, à
today : aujourd'hui
token : jeton
tomato : tomate
tomorrow : demain
tooth : dent
town : ville
traffic lights : feux de signalisation
train : train
travel (to) : voyager
treasure : trésor
true : vrai(e)
trunk : trompe
two : deux
umbrella : parapluie
under : sous
underground : métro
very : très
very much : beaucoup, énormément
view : vue
visit (to) : visiter
wait for (to) : attendre
walker : piéton
warm : chaud(e)
watch (to) : regarder
watch : montre
wave : vague
way : chemin
weather : temps
what : quel(le)
wheel : volant
when : quand
where : où
which : que, qui
while : pendant que
who : qui
why : pourquoi
wind : vent
windy : venteux
wish (to) : espérer
with : avec
woman : femme
work (to) : travailler
worry (to) : s'inquiéter
wrong : mauvais, faux
year : an, année
yellow : jaune
young : jeune
your : ton, ta, tes, votre, vos